McGRAW-HILL·LECTURA

Contributors

The Princeton Review, Time Magazine

The Princeton Review is not
affiliated with Princeton
University or ETS.

McGraw-Hill School Division

A Division of The McGraw·Hill Companies

McGraw-Hill School Division
Two Penn Plaza
New York, New York 10121

Printed in the United States of America

ISBN 0-02-184824-6/1, Book 3
   3 4 5 6 7 8 9   043/071   04 03 02 01 00

Macmillan/McGraw-Hill Edition

McGraw-Hill·Lectura

Autores

María M. Acosta

Kathy Escamilla

Jan E. Hasbrouck

Juan Ramón Lira

Sylvia Cavazos Peña

Josefina Villamil Tinajero

Robert A. DeVillar

McGraw-Hill School Division

New York   Farmington

Había una vez...

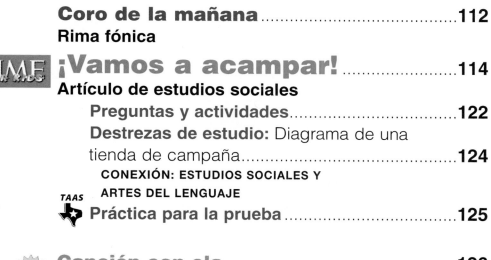

6

Había una vez...

Para contar un cuento

¿Quieres que te cuente un cuento?

¡Pásate a este otro asiento!

¿Sabes el cuento del gallo pelado?

¡Pásate al otro lado!

Tradicional

Mi burro Ramón

¡Ay, mi burro Ramón!
¡Qué bonito,
pero qué cabezón!
Cuando se empaca,
nadie lo saca
de donde está,
ni Santa Paca
ni San Simón.

María Hortensia Lacau

Conozcamos a Laura Bour

Laura nació en Francia en una familia de artistas y aprendió a dibujar desde pequeña. Le encanta vivir en el campo rodeada de animales, ríos y bosques.

¡Corre, Tobi, corre!

Ilustraciones de
Laura Bour

— ¡Tobi! —dice Sami—. Ven.
Sami le da el bate a Tobi.

Tobi toma el bate.

—¡Tobi, mira la pelota!
¡Mira bien la pelota!

La pelota pasa.

Tobi no le da a la pelota.

—¡Tobi, mira bien!
¡Mira bien la pelota!

Otra pelota pasa.

Tobi no le da a la pelota.

—¡Tobi, mira bien!
¡Mira bien la pelota!

Tobi le da a la pelota.

Tobi mira y corre.

La pelota sube, sube y sube.

Tobi pasa una base.

Mira la pelota.

¡La pelota sube a una nube!

Tobi corre y corre.

Pasa otra base.

Tobi ya no mira la pelota.

Tobi corre.

Corre, corre, corre y ...

¡ya!

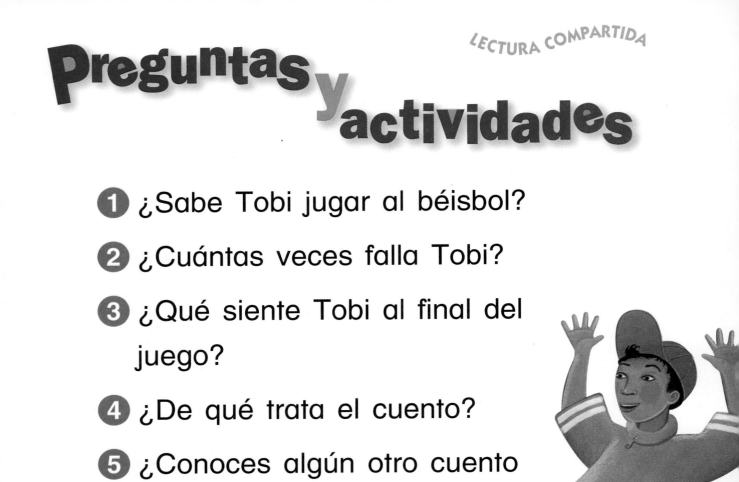

Preguntas y actividades

1. ¿Sabe Tobi jugar al béisbol?

2. ¿Cuántas veces falla Tobi?

3. ¿Qué siente Tobi al final del juego?

4. ¿De qué trata el cuento?

5. ¿Conoces algún otro cuento sobre algún deporte?

Escribe una opinión

Dibuja tu retrato practicando tu deporte favorito. Debajo, escribe por qué ese deporte es el que más te gusta.

El básquetbol es un juego lindo.

Juego de pelota

Inventa un juego de pelota muy simple para dos personas. No puede tener más de tres reglas. Enséñalas a un compañero. ¡Y a jugar!

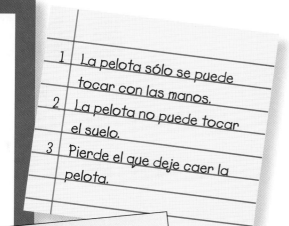

1 La pelota sólo se puede tocar con las manos.
2 La pelota no puede tocar el suelo.
3 Pierde el que deje caer la pelota.

Investiga

Elige un deporte. Averigua las principales reglas de ese deporte.

Destrezas de ESTUDIO

Diagrama de un campo de béisbol

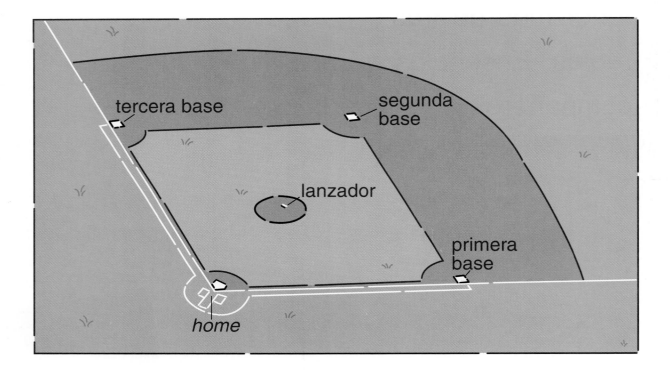

tercera base

segunda base

lanzador

primera base

home

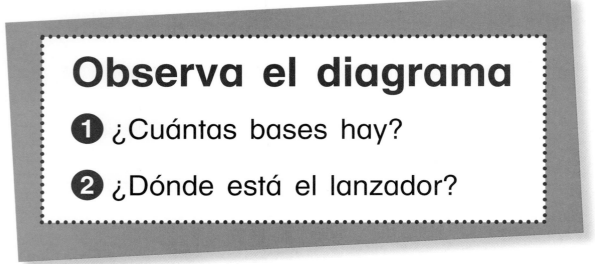

Observa el diagrama

1 ¿Cuántas bases hay?

2 ¿Dónde está el lanzador?

La casa de nieve de Álvaro

Álvaro se levantó de la cama.

Salió al patio a jugar.

Hizo una casa en la nieve.

Álvaro se la mostró a su hermana.

Al principio, a ella no le gustó.

Pero después comenzaron a jugar.

Jugaron afuera por un largo rato.

Luego fueron adentro a almorzar.

¿Dónde tiene lugar el cuento?

○ En la escuela de Álvaro

○ En el patio de Álvaro

Si la pregunta te parece difícil, lee el cuento otra vez.

Fábrica de focos

En la fábrica fabrican
los focos para el farol
y una foca farolera
con voz fofa farfulló:
—Si aquí se fabrican focos,
¿dónde me fabrico yo?

David Chericián

Conozcamos a Tuko Fujisaki

Tuko nació en Japón y llegó a este país cuando tenía 5 años. De pequeña, dibujaba en todas las páginas que encontraba. Ahora vive en Nuevo México e ilustra libros para niños.

La foca Josefina

Ilustraciones de Tuko Fujisaki

La foca Josefina es una foca muy fina.

Josefina toca la mandolina, y su amiga, la osa Nina, baila y patina.

Josefina y Nina son muy famosas.

Todo el mundo les toma fotos.

¡Las fotos les encantan!

Una foto para Felipe.

Otra foto para Filomena.

¡Qué bonitas son Josefina y Nina!
¡Son famosas y todos las estiman!

Lo que más les gusta es el pescado, pero también les gustan el maní, las bananas y las mandarinas.

¡Bravo, bravo, Josefina!
¡Baila, baila, Nina!

¡Bravo, Josefina! ¡Bravo, Nina!

Preguntas y actividades

1. ¿Has visto una foca alguna vez?

2. ¿Qué le gusta comer a Josefina?

3. Y a ti, ¿qué te gusta comer?

4. ¿Qué hacen los personajes de este cuento?

5. ¿Qué otros cuentos has leído sobre animales?

Escribe una oración

Imagina que eres periodista y le haces una entrevista a la foca. ¿Qué le preguntarías? Dibuja una foca parecida a Josefina y escribe tu pregunta al pie de la página.

Haz un mural

Dibuja un paisaje polar.

Nombra dos animales que viven en el polo Norte.

Dibuja esos animales.

Córtalos y pégalos en el paisaje polar.

Investiga

¿Sabes de qué se alimentan las focas? Busca información sobre las focas.

ESTUDIO

Diagrama de osos

Este diagrama muestra dos tipos de osos.

hábitat   tamaño

tamaño   hábitat

alimentos

color

color

alimentos

Observa el diagrama

1 ¿Qué comen los dos osos?

2 ¿Habrá miel en el polo Norte?

La cerdita Flor

Flor es una cerdita rosa.

Vive en el corral de una granja.

Hay muchos otros cerdos.

A Flor le gusta mucho jugar.

Le gusta que la lleven a cuestas.

Cuando Flor juega, le gusta ganar.

Pero aunque no gane, se divierte igual.

¿Dónde tiene lugar el cuento?

○ En el bosque

○ En una granja.

Busca en el cuento pistas que te ayuden a contestar la pregunta.

A la rorro

A la rorro, tata,
que tuvo la rata
cuatro ratoncitos
y una garrapata.

Tradicional

Conozcamos a Clara Bitman

A los hijos de Clara les gustaban mucho los cuentos que inventaba su mamá. Así empezó a escribir cuentos y poemas para niños.

Conozcamos a Tim Raglin

Tim ilustra revistas y libros para niños. Desde pequeño pasaba horas y horas dibujando.
Dice que si te gusta dibujar, tienes que seguir practicando.

La rana, el sapo, el topo y el pato

Clara Bitman

ilustraciones de Tim Raglin

La rana, el sapo, el topo y el pato
viven en el mismo río.

El pato nada en el río. Nada y nada
todo el día. Solito y solo, sin tío ni tía.

Suni, suni, suni, suni, entona la rana
cuando está solita en su ventana.

¡Apo, apo! Salta el sapo...
solito y solito en el río.

El topo patea la pelota: ¡Pum, pum, pum! Tira la pelota solo todo el día...

¡Qué pena, estrella! Todos viven
tan solos... Tan bonito ser amigos.

Mira, luna, tan amorosos la rana y el sapo, el topo y el pato, y tan solos.

Tan separados, la rana, el sapo, el topo y el pato, cada uno por su lado.

¡Vamos, vamos! ¡Visite el topo a
la rana! Más bonito es ser amigos.

¡Qué bueno! El sapo toma sopa
de fideos finos con el pato.

¡Qué fenómeno! La rana y el topo
patean la pelota. ¡Goool!

¡Vamos, vamos a la fiesta!

Con bonetes y tonadas afinadas
bailan, bailan los amigos.

¡Viva, viva! No más vivir solos. Con
buenos modales y muy buenos modos,

todos, la rana, el sapo, el topo y el
pato, buenos amigos somos.

Preguntas y actividades

1 ¿Por qué está triste la luna?

2 ¿Cuántos personajes hay en este cuento?

3 ¿Qué harías para unir a los animales?

4 ¿Cuál es la idea principal de este cuento?

5 Compara este sapo con el sapo de ¿Cómo es…?

Palabras que imitan sonidos

Hay palabras que imitan sonidos. Escribe una oración con una de esas palabras.

¡MIAU! ¡MIAU!

El gato dice miau.

Haz un diálogo imitando sonidos

Elige un animal. Pide a un compañero/a que elija otro animal. Representa una conversación con el sonido de cada animal, como si fuera un diálogo real.

pío, pío, pío, pío

iii, iii, iii, iii

Investiga

¿Sabías que los topos son excelentes nadadores? Averigua algo más acerca de ellos.

ESTUDIO

Tipos de ranas

Existen ranas de distintos tamaños.

rana grillo septentrional

rana toro

rana cangrejo

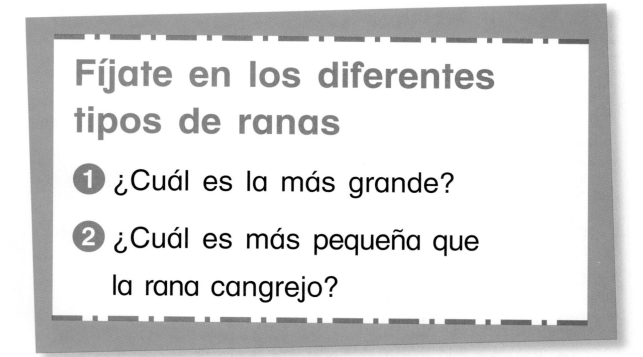

Fíjate en los diferentes tipos de ranas

1 ¿Cuál es la más grande?

2 ¿Cuál es más pequeña que la rana cangrejo?

Pelota pequeña, pelota grande

La pelota de béisbol es pequeña.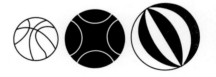

La pelota de ping-pong es más pequeña.

La canica es la más pequeña de todas.

La pelota de baloncesto es grande.

La pelota de fútbol es más grande aún.

La pelota de playa es
la más grande de todas.

¿Cuál es más pequeña que
una pelota de béisbol?

○ Una canica

○ Una pelota de baloncesto

¿Cuál de las dos
respuestas contesta
la pregunta?

83

El caracol

Llevo mi casa al hombro,
camino sin una pata,
y voy dejando mi huella
como un hilito de plata.

Tradicional

Conozcamos a Clara Bitman

Clara dice que en el fondo de su corazón aún se siente como una niña pequeña. Por eso canta de alegría cuando comparte sus cuentos con niños como tú.

Conozcamos a Yumi Heo

Yumi nació en Corea, pero vive en Nueva York. A Yumi le encantan los animales y ha ilustrado muchos libros con sus lindos dibujos.

Hermoso día

Clara Bitman

ilustraciones de Yumi Heo

Hace un hermoso día de sol.

Hilda y su hermano van al parque.

Hay bancos de hierro y una fuente de agua helada.

90

91

—¡Papá, el heladero! ¡Cómprame un helado!

Hilda le dice al heladero:
—¡Hola, dos helados de limón,
por favor!

96

Las hojas del árbol dan buena
sombra.

Todos se sientan sobre la hierba.

97

Hilda y su hermano ven una hilera de hormigas.

—¡Mira éstas con una hoja!

—¡Mira, éste es el hormiguero!
¡Mira cómo hacen el hoyo!

Es hora de volver a casa.
Todos tienen hambre.

—¡Qué bonita se ve la mesa con este mantel nuevo!

Hilda y su hermano comen contentos con papá y mamá.

106

Ya es hora de dormir.

—¡Buenas noches!

Preguntas y actividades

1 ¿Dónde se desarrolla el cuento?

2 ¿Compra Hilda helados de fresa?

3 ¿Qué helados te gustan más?

4 ¿Qué hizo Hilda durante el día?

5 ¿Se parecen los parques a las selvas?

Escribe sobre el día

¿Qué haces generalmente en un día como hoy? Escribe dos frases que cuenten algo de tu día.

Desayuno cereales. Leo un cuento.

108

Haz un mapa

En la unidad anterior aprendiste a leer mapas. Dibuja un mapa para ir de tu casa a un parque.

Investiga

¿Sabes hacer helados? Busca una receta y ponla en práctica.

ESTUDIO

Diagrama de una hormiga

Este diagrama muestra las partes del cuerpo de una hormiga.

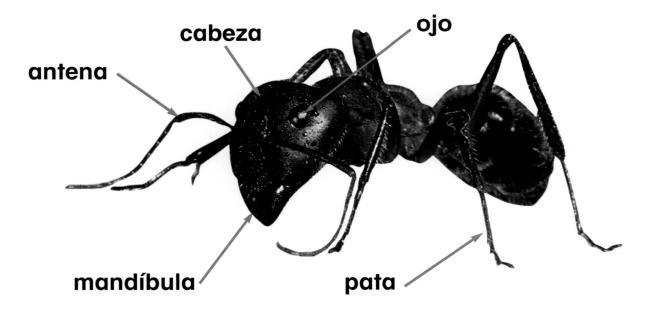

cabeza · ojo · antena · mandíbula · pata

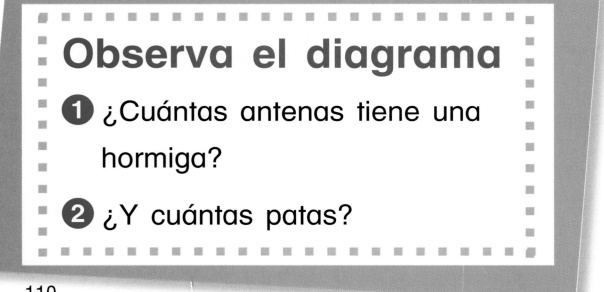

Observa el diagrama

1 ¿Cuántas antenas tiene una hormiga?

2 ¿Y cuántas patas?

110

Sam y la rana

Sam es un perro café.

Lita es una rana verde.

Sam es más grande que Lita.

Lita es sólo una pequeña ranita.

Sam tiene mucho pelo.

Lita no tiene pelo.

Claro que no, es una rana.

Busca pistas en el cuento.

¿Quién tiene más pelo?

○ La rana Lita

○ El perro Sam

Coro de la mañana

Con el son de las hojas
cantan las aves,
y responden las fuentes
al son del aire.

Luis de Góngora

TIME FOR KIDS

INFORME ESPECIAL

¡Vamos a acampar!

¿Vamos de viaje?
¡Toma tu mochila y vamos!

Vas a dormir en una tienda de campaña.
Escoge un buen lugar para ponerla.

¿Vas a caminar?

¡A ver qué encuentras! ¿Ves ese nido?

Con palitos y ramitas puedes hacer
una fogata. ¡Qué calentito!

Al aire libre, la comida es muy sabrosa.

Puedes cantar canciones bajo las estrellas. ¿Dónde está la Osa Mayor?

¡Qué duermas bien!
¡Hasta mañana!

Basado en un artículo de TIME FOR KIDS.

Preguntas y actividades

1. ¿Te gusta ir de campamento?

2. ¿Dónde va a acampar la familia?

3. ¿De qué trata este artículo?

4. ¿Puedes armar una tienda?

5. ¿Qué animales se ven en el campo?

Cuenta cómo se hace una cosa

¿Cómo se tuestan los malvaviscos en una fogata? Di qué necesitas y cómo lo haces. Luego, dibuja tu retrato tostándolos.

Juego de campamento

Una persona es la COSA. La COSA persigue a una persona hasta tocarla. Entonces, esa persona debe quedarse quieta. El juego se acaba cuando la COSA ha tocado a todos los participantes.

Investiga

Aprende una canción de campamento. Cántala con tus compañeros.

Diagrama de una tienda de campaña

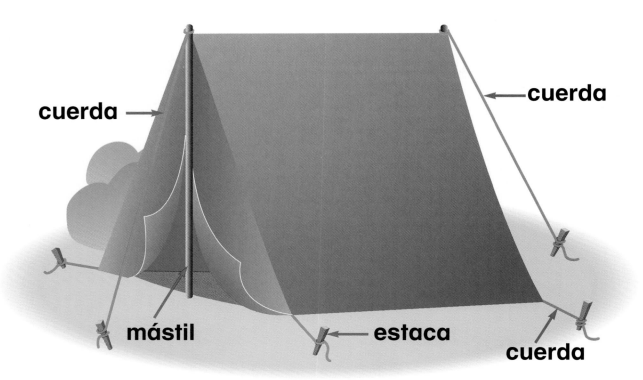

cuerda

cuerda

cuerda

mástil

estaca

Observa el diagrama

1 ¿Cómo se sujetan las cuerdas?

2 ¿Cuántos mástiles tiene esta tienda?

¡Vamos a acampar!

Vamos a acampar aquí.

Hay muchos árboles.

Y es un bosque lindo y tranquilo.

Vamos a armar la carpa.

Cerremos bien la puerta.

No queremos dormir con los insectos.

Ahora hagamos la cena.

Después podemos contar cuentos.

¿Dónde tiene lugar el cuento?

○ En el bosque

○ En un estacionamiento

Piensa en el cuento a medida que lees.

125

Canción con ola

Un día,

una ola

que estaba

triste y sola

se puso a cantar.

Y desde entonces,

cantan todas

las olas del mar.

María Hortensia Lacau

Glosario

Este glosario te ayudará a encontrar el significado de algunas de las palabras de este libro que quizás no conozcas.

Las palabras están en orden alfabético. Cada palabra va acompañada de una ilustración y una oración simple que te ayudarán a entender su significado.

Ejemplo de entrada

Entrada   **Oración de muestra**

campamento

Papá nos llevó de **campamento**.

Ejemplo de ilustración

árbol

¡Qué lindo es disfrutar de la sombra de un **árbol** en verano!

bate

Tobi le da a la pelota con el **bate.**

130

campamento

Papá nos llevó de **campamento**.

fideos

A este niño le encantan los **fideos**
con queso y salsa de tomate.

131

foca

La **foca** se alimenta de peces.

fuente

Los pajaritos revolotean alrededor de la **fuente**.

hierba

El jardinero corta la **hierba** del jardín.

hormigas

Las **hormigas** son insectos muy trabajadores.

mandarina

La **mandarina** es una fruta dulce y jugosa.

mandolina

La **mandolina** es un instrumento musical.

134

mochila

La **mochila** es útil para llevar muchas cosas en la espalda.

nube

Cuando una **nube** choca contra otra, llueve.

135

rana

La **rana** da un salto alto.

río

El Amazonas es un **río** muy grande.

sol

El **sol** brilla durante el día.

topo

El **topo** cava túneles debajo de la tierra.

ACKNOWLEDGMENTS

The publisher gratefully acknowledges permission to reprint the following copyrighted material:

"Mi burro Ramón" from PAÍS DE SILVIA by María Hortensia Lacau. Copyright © 1985 by Editorial Plus Ultra. Used by permission of the publisher.

"Coro de la mañana" by Luis de Góngora from POEMAS ESCOGIDOS PARA NIÑOS. Copyright © 1997 by Editorial Piedra Santa. Used by permission of the publisher.

"Canción con ola" from PAÍS DE SILVIA by María Hortensia Lacau. Copyright © 1985 by Editorial Plus Ultra. Used by permission of the publisher.

Cover Illustration
Christine Mau

Illustration
Kevin Hawkes, 6; Mircea Catusanu, 8-9, 34-35; Laura Bour, 10-30 top; Daniel Del Valle, 30 bottom, 55, 80, 108, 109 top; Rita Lascaro, 32; Eldon Doty, 33, 125; Tuko Fujisaki, 36-54 top; Felipe Galindo, 54; Bernard Adnet, 57, 111; José Cruz, 58-59; Tim Raglin, 60-80 top; Allen Eitzen, 82; Mas Miyamoto, 83 top; Ken Bowser, 83 bottom; Melissa Iwai, 84-85; Yumi Heo, 86-107, 109 bottom; Helen Ward; Nancy Tobin, 123-124; Alexi Natchev, 126-127;

Photography
Unit 1 127:t. Renne Lynn/Photo Researchers, Inc.
Unit 2 140: Frans Lanting/Minden Pictures 141: Mickey Gibson/Animals Animals 142:b. Steve lawrence/The Stock Market 145:t. Staffan Widtrand/The Wildlife Collection
Unit 3 131:b. David Young-Wolfe/PhotoEdit 134:t. Nigel Cattlin/Holt Studios International/Photo Researchers, Inc. 134:b. D. Cavagnaro/DRK Photo 135: Ron Chapple/FPG International 136: Luiz C. Marigo/Peter Arnold, Inc.
Unit 4 134:t. J. Barry O'Rourke/The Stock Market 138:t. Richard Laird/FPG International 138:b. PictureQuest 139:t. Alan Epstein/FPG International; 029 b Ken Karp for MHSD; 031 t David Mager for MHSD; 043 tr MHSD; 043 br Scott Harvey for MHSD; 043 bl Scott Harvey for MHSD; 055 b Johnny Johnson/DRK Photos; 056 tr Johnny Johnson/DRK Photos; 059 b Thomas Kitchin/Tom Stack and Assoc.; 061 t MHSD; 061 b Visuals Unlimited; 067 br MHSD; 081 b Mark E. Gibson Photography; 087 b Gary R. Zahm/Bruce Coleman, Inc.; ; 087 t David Mager for MHSD; 110 t George D. Dodge/Bruce Coleman, Inc.; 122 b Ray Soto/The Stock Market; 123 t Corbis; 124 t E. Nagele/FPG International; 126 b Gail Mooney/Corbis; 128 b Jim Brown/The Stock Market; 129 m David Stoecklein/The Stock Market; 130 b MHSD; 132 t Erwin Bauer;Peggy Bauer/Bruce Coleman/PNI; 133 b George Lepp/Corbisl; 133 b Camping Photo Network/PNI; 133 t Joseph Drivas/Image Bank; 136 top Bokelberg/Image Bank; 137 t Tim Brown/Tony Stone Images; 137 t Steve Prezant/The Stock Market; 139 b Layne Kennedy/Corbis; 142 t The Stock Market; 143 t Kelly-Mooney Photography/Corbis; 145 b Mike Malyszko/Stock Boston; 187 bi MHSD; 187 br MHSD; 260 b George Hall/Check Six; 263 b Jim Witherington; 263 t Derke/OŌHara/Tony Stone Images; 265 b Jay Schlegel/The Stock Market; 266 m Steve Grubman/The Image Bank; 268 b Paul Chesley; 269 t Alan Schein/The Stock Market